L'ABBÉ BAUTAIN

ANCIEN DOYEN DE LA FACULTÉ DES LETTRES DE L'ACADÉMIE DE STRASBOURG

DISCOURS

PRONONCÉ LE 16 NOVEMBRE 1868

A LA SÉANCE DE RENTRÉE DES FACULTÉS DE L'ACADÉMIE
DE STRASBOURG

PAR

M. ANTOINE CAMPAUX

Professeur de littérature ancienne

PARIS

Vᵉ BERGER-LEVRAULT & FILS, LIBRAIRES-ÉDITEURS

RUE DES BEAUX-ARTS, 5 (MÊME MAISON A STRASBOURG)

1868

L'ABBÉ BAUTAIN.

Messieurs,

Il y a un demi-siècle et plus, dans l'automne de 1816, arrivait à Strasbourg, pour y professer la philosophie au collége royal, un jeune homme de vingt ans. Ce jeune homme chargé, à un pareil âge et dans un établissement de cette importance, d'un si grave enseignement, était M. Louis-Eugène Bautain, qui était appelé à illustrer à la fois par la puissance et la fécondité de sa parole l'Eglise et l'Université, et qui devait jeter notamment sur cette Académie un éclat qu'il y aurait pour elle aujourd'hui inconvenance et ingratitude à oublier.

Pour le moment, le jeune débutant ne se doutait pas de ce futur partage de son existence,

pas plus que de la double illustration qui l'at-
tendait, et il ne songeait qu'à exposer de son
mieux à ses élèves, dont quelques-uns pouvaient être ses aînés, la philosophie Eclectique.
Il l'avait reçue, on peut le dire, à sa source, de
la bouche même de M. Cousin, qui venait de la
mettre au monde dans la chaire de Royer-Col-
lard.

Entré à l'Ecole Normale en 1813, après de
brillantes études faites à Paris[1], où il était né le
17 Février 1796, Louis Bautain commençait par
s'y lier avec Jouffroy et Damiron d'une amitié
qui leur avait valu le nom des *trois insépara-
bles*, et il ne tardait pas, à leur exemple, à se
tourner vers les études philosophiques, attiré
qu'il y était encore par la vive et éloquente parole du jeune maître, qui à l'Ecole y présidait.
Malgré cette direction, il restait cependant, s'il
faut en croire les contemporains, encore plus
littérateur que philosophe. Nul, du reste, dans

---

1. Au lycée Charlemagne, où il eut pour professeur
de Rhétorique M. Villemain, alors tout jeune, qu'il devait retrouver comme maître de Conférences à l'École
Normale.

« Si je sais parler et écrire, » dit-il dans son *Étude
sur l'art de parler en public,* « je le dis hautement,
« après Dieu, c'est aux leçons et aux exemples de
« M. Villemain que je le dois. »

les exercices de la conférence, ne montrait un esprit plus vif et plus brillant, et aussi, m'a-t-on dit, plus caustique.

C'est sous ces auspices qu'après avoir emporté, avec le titre d'agrégé de philosophie, le grade de docteur ès lettres à la suite de la brillante soutenance en Sorbonne d'une thèse sur la satire, il avait été, au sortir de l'École Normale, envoyé au collége royal de Strasbourg, pour y enseigner la philosophie.

Jeune, spirituel, plein d'ardeur et d'entrain, il avait débuté avec éclat, avec un éclat tel que, le 31 Octobre 1817, deux mois à peine après avoir reçu le titre définitif de sa chaire au collége, il était chargé en outre de l'enseignement de la philosophie à la Faculté des Lettres. C'était un théâtre bien différent de celui du collége; et la transition de l'un à l'autre pouvait paraître périlleuse, surtout pour un jeune homme. L'épreuve ne sembla qu'un jeu pour M. Bautain. Du premier coup il s'en tira avec honneur, et obtint d'emblée, parmi la jeunesse de Strasbourg, un succès jusqu'alors inouï. Tous ceux qui l'entendaient étaient enlevés, et c'était à qui se presserait autour de la chaire du jeune orateur.

Il avait de l'orateur toutes les qualités naturelles, et il les doublait encore par l'art avec lequel il savait les mettre en œuvre; car avec une parole qui coulait de source il n'abandonnait pourtant rien au hasard. Traits fins et distingués, physionomie accentuée, digne d'être gravée en médaille, regard perçant et plein de puissance, avec un remarquable caractère de résolution et de volonté, quelque chose à la fois d'imposant et d'attirant, voix métallique et vibrante, rendant tous les accents de l'âme, et dont il savait jouer en maître comme d'un instrument exquis, il avait tout ce qui saisit un auditoire et le maîtrise, et tout cela au service d'un esprit noble, élevé, nourri d'excellentes études, et confondant en jeune homme qu'il était, — confusion périlleuse, — confondant dans la même poursuite, il l'a avoué lui-même, la gloire si éblouissante aux yeux de la jeunesse, et la vérité.

Les succès de l'homme, dans le monde, égalaient ceux du professeur dans sa chaire. La meilleure compagnie se le disputait; et, sur ce terrain si différent de celui de l'Académie, il allait de pair avec les plus aimables. Cavalier accompli de sa personne, il y portait une politesse, une aisance, un charme qui achevait la séduction commencée par son talent. Tout souriait enfin au jeune homme.

Il faisait, je dois le dire, tout ce qu'il fallait pour mériter un pareil succès. Fortune oblige, il le savait, et il préparait chacune de ses leçons comme un général prépare ses opérations à la veille d'une bataille. Il rendait à son public en zèle, en travail, en soin, tout ce que ce public lui donnait en attention, en bienveillance, en faveur. Si quelqu'un devait sembler heureux, c'était le jeune professeur ; cependant il l'était beaucoup moins qu'il ne le paraissait; et ce que son succès cachait de douleur et de souffrance finit par éclater de la façon la plus triste. Un jour qu'il était dans sa chaire, tout à coup, au milieu de sa leçon, il s'interrompit, comme frappé de mutisme, et il pâlit. Il sentait avec terreur que sa pensée lui échappait; en vain il essayait de la ressaisir, il n'y parvenait pas, et devant son auditoire presque aussi déconcerté que lui, il restait interdit, comme un homme pris de vertige. Enfin, il rassembla une dernière fois ses forces pour murmurer au public haletant d'attente ce qui lui arrivait, et il descendit de sa chaire sans pouvoir même achever.

L'étude assidue des philosophes Allemands où il puisait ses matériaux, la méditation incessante des abstractions les plus subtiles, l'élaboration toujours renouvelée des idées des autres pour se les assimiler ou les transformer en ses propres idées, enfin, la tension excessive de l'esprit pour ordonner le plan de ses leçons qu'il exposait d'abondance, tout cela avec l'exaltation de toute sa personne pour suffire à la double tâche du Lycée et de la Faculté, avait, c'est lui-même qui nous le dit dans une des pages les plus émues de ses souvenirs, épuisé ses forces et tellement fatigué son cerveau, qu'il ne pouvait plus ni lire, ni écrire, ni penser sans douleur.

Il dut renoncer pendant plusieurs mois à toute espèce de travail, pour chercher dans le séjour des eaux et les distractions des voyages une guérison qui ne pouvait être l'affaire d'un jour. Qu'on juge du supplice d'une pareille inaction pour un jeune homme qui avait mis toute sa vie dans la science et l'étude, qui n'était pas insensible, tant s'en faut, à l'honneur qu'il avait le droit d'en espérer, et qui se trouvait subitement arrêté au début de sa carrière, au moment même où elle avait déjà pour lui plus que des promesses. Sous cette impression, l'état de sa santé s'aggrava encore, le sommeil lui fut ôté; et dans cet accablant tête-à-tête de douleur physique et morale avec lui-même, que la nuit n'interrompait pas, ne trouvant plus en lui de quoi se soutenir, il descendit un à un tous les degrés du désespoir et en vint jusqu'à se familiariser avec l'idée de rompre brusquement une existence qu'il croyait à jamais condamnée. Il se trompait comme plus d'un jeune homme en pareille occasion; car ces épreuves sont encore plus fréquentes qu'on ne croit, surtout chez certaines âmes. Ce qu'il prenait pour la ruine de tout son être n'était qu'une crise momentanée, une sorte de mue intellectuelle et morale, d'où il devait sortir plus vigoureux et comme renouvelé, pour fournir une carrière plus large.

Au bout de quelque temps, en effet, il remontait dans sa chaire et y retrouvait, avec son auditoire resté fidèle et accru par une nouvelle génération d'étudiants, ses triomphes passés et de plus grands encore. Il y rapportait, outre la maturité relative qu'il devait à la crise par où il avait passé, une plus grande connaissance de la philosophie Allemande, qui avait alors pour la France tout le prestige de la nouveauté. Sur les bords de ce grand fleuve où le double souffle Germanique et Français se croisent et se fécondent incessamment, il s'en considérait comme l'interprète obligé ; et ce mélange de la pensée Allemande et de la pensée Française donnait à la parole du jeune professeur rendu à sa chaire une saveur qu'assaisonnait encore une pointe de libéralisme.

Mais on ne fréquente pas impunément la métaphysique Allemande. Cette philosophie a des escarpements, des pics et des abîmes et surtout des nuages dont s'accommode assez mal le besoin de clarté et de précision qui distingue l'esprit français. A force de hanter Kant, Fichte,

Hegel et Schelling, bien qu'il les combattît, il n'avait pu empêcher que son enseignement n'en reproduisît quelque chose, au moins dans la forme ; et par là il étonnait, je ne veux pas dire, il heurtait la partie peu sympathique de son auditoire ; — il y en a toujours une. — Tandis qu'avec l'audace de la jeunesse il cinglait, toutes voiles déployées, en pleine ontologie, sans souci des écueils que recèle cet océan, des auditeurs peu bienveillants recueillaient dans ses paroles ce qui pouvait prêter à des difficultés, pour le colporter dans la ville, et, les bonnes âmes aidant, — elles ne manquent jamais — faisaient circuler sous son nom des propositions énormes. Il avait dit, par exemple, un jour dans une de ses leçons : *Dieu n'existe pas, mais il est*, ce qui est une vérité banale dans la langue de la métaphysique, opposant à la contingence et à l'écoulement perpétuel de la matière le caractère d'absolu qui constitue l'Etre Infini. On supprimait purement et simplement la seconde partie de sa proposition, et en ne retenant que la première, on lui faisait dire brutalement : Il n'y a pas de Dieu.

On pense s'il fallait beaucoup de propositions de ce genre pour compromettre un homme ; une seule aurait suffi. Aussi M. Bautain, à la suite de la visite d'un inspecteur général, envoyé exprès de Paris pour constater le caractère de son enseignement, fut-il suspendu de ses fonctions au Collége royal et dut-il, en même temps, descendre de sa chaire de la Faculté des Lettres, juste au moment,—remarquez, Messieurs, la coïncidence de ces mesures de sévérité, — où MM. Dubois et Jouffroy, ses anciens camarades d'Ecole, étaient eux-mêmes contraints de descendre de la leur.

Ce qu'on ignorait alors, et ce qui était aussi piquant que triste, c'est que le gouvernement de la Restauration avait, en cette circonstance, la main on ne peut plus malheureuse. Par une méprise étrange, dont tous les torts, il faut l'avouer, n'étaient pas pour lui, car une bonne partie, au moins, en revenait aux obscurités de l'ontologie, ce gouvernement frappait un philosophe chrétien. A l'époque, en effet, où M. Bautain se voyait suspendu pour les tendances panthéistiques de son enseignement, il était déjà depuis quelque temps chrétien de cœur et d'âme, et ce mécréant se rapprochait chaque jour davantage du giron de l'Eglise.

C'est ici qu'il faut s'arrêter pour reconnaître la vérité de cette parole de l'Ecriture, que *l'Esprit souffle où il veut, Spiritus ubi vult spirat.* Presque à l'heure où M. Bautain, dans un Mémoire couronné par l'Académie de Châlons sur *la Morale des philosophes comparée à celle de l'Evangile,* allait signaler son retour au Christianisme, Jouffroy, son ancien condisciple et ami, de qui, à l'École, il avait peut-être reçu des confidences sur la nuit d'agonie, où il sentit tomber une à une à ses pieds toutes ses croyances, Jouffroy rompant, mais pour ne s'en consoler jamais, les derniers liens qui le rattachaient à la foi, publiait dans le *Globe* son fameux article : *Comment les dogmes finissent.*

Mais comment le jeune philosophe éclectique, la veille encore indifférent et dédaigneux, sinon hostile, était-il redevenu chrétien? Ce n'est pas seulement une des pages les plus attachantes de la vie de l'illustre professeur, c'est encore un des chapitres les plus curieux de l'histoire de l'esprit humain que j'ai ici, Messieurs, à vous raconter, en même temps que j'ai à tirer de l'ombre où elle est enfoncée pour la plupart d'entre vous, et à faire revivre, si je le puis, sous vos yeux, une figure presque inconnue, mais d'autant plus rayonnante dans son obscurité, et, en tout cas, sympathique entre toutes, celle d'une personne qui exerça sur la destinée du philosophe de Strasbourg l'influence la plus décisive.

Dans le temps que M. Bautain, encore sous le coup de la prostration physique qui avait eu sur son moral un retentissement si profond, continuait à chercher dans le repos et les voyages un remède à son mal, il eut l'occasion de la rencontrer et de lui être présenté. Et ici je dois dire tout d'abord que par son âge — elle avait alors 54 ans — comme par son extérieur, Mlle Louise Humann[1] — c'était son nom — n'avait rien de ce qui peut fasciner l'imagination d'un jeune homme de 25 ans. Aussi fut-ce un intermédiaire plus sévère qui prépara leur liaison ; ce fut la philosophie, la philosophie Allemande, que cette Dame, qui avait longtemps habité l'Allemagne, avait étudiée à fond, dans le texte des auteurs, dont quelques-uns même lui avaient été personnellement connus. Qu'on juge quelle bonne fortune ce dut être pour le jeune professeur. Depuis des années il se tuait à déchiffrer la lettre de cette philosophie qui exerçait alors sur l'esprit français l'attraction si puissante de l'inconnu et, pourquoi ne pas le dire aussi, de sa mystérieuse obscurité ; et il trouvait, pour l'y introduire, pour la lui éclaircir, une femme à la fois intelligente et bienveillante, dans laquelle il pressentait pour lui une mère et qui semblait avoir réservé, pour le devenir, tous les trésors d'affection d'une jeunesse passée dans les exercices de la piété la plus austère et la plus héroïque, car elle l'avait déployée en face des échafauds de 93. Dans cette liaison, M. Bautain,

---

1. C'était la sœur aînée du Ministre des Finances de ce nom, sous le règne de Louis-Philippe.

il nous le dit lui-même, ne pensa d'abord qu'au profit qu'il pouvait en retirer pour ses études philosophiques, et il se donna tout entier à ce maître d'une nouvelle espèce qui non-seulement lui épargnait, pour la préparation de ses cours, une bonne partie des fatigues dont cette préparation était pour lui la source, mais qui encore était capable de lui donner la réplique sur toutes les questions les plus hautes de la philosophie [1].

Du reste, cette personne ne possédait pas seulement la séduction déjà si grande, aux yeux d'un jeune philosophe, de l'esprit et du savoir, elle avait encore un autre charme, et celui-là irrésistible en même temps qu'inépuisable, elle avait le charme qui vient de l'âme, celui de la bonté. M. Bautain s'en laissa pénétrer, et cela d'autant plus profondément que cette bonté

---

1. Tant de savoir ne nuisait en rien au sens pratique et à la simplicité chez cette femme si distinguée. Les travaux ordinaires de son sexe lui étaient à la fois familiers et chers. « Chaque jour », dit M. Bautain, dans la *Chrétienne de nos jours,* où il en a retracé le portrait le plus attachant, « chaque jour je l'ai « vue quitter ses livres et la plume pour l'aiguille et le « fuseau. Je l'ai vue constamment s'occuper des soins « du ménage, après les heures données à l'étude ; et « elle excellait d'un côté comme de l'autre. Sa maison « était aussi bien tenue que sa tête, et elle était aussi « admirable dans les petites choses que dans les grandes. »

s'ajoutait à une rare distinction de caractère et à un air de dignité tel qu'on ne pouvait la voir sans se sentir saisi de respect.

Dans cette atmosphère toute nouvelle, M. Bautain, entré pur philosophe, finit par se trouver un jour Chrétien. Il ne le devint pas d'ailleurs du jour au lendemain, et ce ne fut pas sans résistance ni sans combat qu'il se rendit. La lecture de l'Evangile, la douceur pénétrante et souveraine de celle qui le lui avait mis entre les mains et le lui commentait, le désarroi moral enfin dans lequel il se trouvait depuis sa maladie et dont il n'avait pu se taire à des amis, à des collègues qui vivent encore et qui me l'ont redit, toutes ces causes réunies l'amenèrent peu à peu à partager des convictions auxquelles il sentait son bonheur et sa dignité désormais attachés.

Lors de la double suspension dont il avait été frappé, son évolution philosophique et religieuse était déjà plus qu'ébauchée ; cette mesure n'en retarda pas la manifestation. Il en eut l'occasion dans des Cours particuliers qu'il donna chez lui avec non moins de succès qu'à la Faculté et qu'il continua pendant deux ans, jusqu'en 1824, où M. Ordinaire, alors recteur de l'Académie, l'autorisa à remonter dans sa chaire.

Avec quelle attente, de la part du public, il reprit le chemin de la Faculté, je n'ai pas besoin de le dire. Il n'était bruit dans la ville que du changement du jeune Eclectique, du jeune frondeur qui naguère inquiétait de ses hardiesses les Autorités religieuses, civiles et militaires. On se demandait quelle contenance il allait faire, et comment il se tirerait de l'embarras qu'éprouve toujours en pareille circonstance un orateur. Le public seul eut à s'inquiéter ; M. Bautain n'eut pas prononcé deux mots qu'il fut maître de son auditoire et lui fit accepter l'expression de ses nouvelles convictions.

Bien plus, son influence sur la jeunesse s'accrut, et il vit se former autour de lui, sous l'action de sa parole, |qui mettait le feu aux âmes [1], un groupe de disciples d'élite, ardents à recueillir sa pensée et à la développer dans toute une série de thèses que la Faculté des Lettres vit alors éclore. Il avait, ce qui fut toujours la plus chère comme la plus haute ambition de sa vie, il avait fondé une Ecole, c'est-à-dire un centre de communion intellectuelle. Cette école devint à la lettre un véritable laboratoire, où, sous l'impulsion du maître, l'activité des disciples se précipita sur toutes les branches de la science humaine.

---

1. *Je sentais dans sa parole,* a dit un de ses disciples, M. Jules Lewel, *quelque chose de vivant qui m'allait au cœur.*

Car loin de s'éteindre ou de s'alanguir, par suite de son retour au Christianisme, la passion de M. Bautain pour la science et l'étude n'avait fait que s'accroître ; et dans son ardeur de tout embrasser et de tout savoir, de concert avec M. Adolphe Carl, le plus ancien et le plus cher de ses disciples, le compagnon inséparable de sa vie, il s'était mis à suivre les leçons de la Faculté de médecine. Le 6 Juin 1826, à la suite de la soutenance d'une thèse dont la doctrine et la terminologie quelque peu ardue devaient se reproduire plus tard dans la plupart de ses leçons et de ses livres, il obtenait le grade de docteur en médecine, ouvrant ainsi la voie à ses disciples qui tous ou presque tous, à son exemple, se piquèrent de faire des études médicales.

Cependant l'âge était venu pour M. Bautain où il pouvait songer à s'établir ; il avait le choix entre les alliances les plus honorables, lorsque mettant le sceau à tout ce qu'il avait fait jusque-là, il prit avec M. Adolphe Carl, que je ne puis séparer de lui puisque je le retrouve partout à ses côtés, la détermination d'entrer dans les Ordres. Ils s'en ouvrirent à Mgr. Le Pappe de Trévern qui gouvernait alors le vaste diocèse de Strasbourg, et qui relevait de la bienveillance et de l'aménité la plus exquise les plus solides vertus. Le vénérable Prélat fut ravi d'une pareille conquête pour l'Eglise, et impatient de la lui assurer, désireux sans doute aussi d'épargner aux deux professeurs, aux deux docteurs, les ennuis et les longueurs de l'épreuve du Séminaire, il se contenta, pour toute préparation, de les envoyer à Molsheim, faire quelques mois de retraite dans la maison des hautes Etudes qu'il y avait établie.

D'enseignement théologique proprement dit, ils n'en reçurent point; leur savoir joint à la vivacité de leur foi semblait une compensation suffisante de cette lacune dans leur instruction Ecclésiastique. On se trompait : de toutes les études, les études Théologiques sont peut-être celles qui s'improvisent le moins. Mais alors néophytes et catéchisants se trouvaient dans un état de ravissement qui ne leur permettait pas de suivre les conseils ordinaires de la prudence. Comme nous le verrons tout à l'heure, les uns et les autres ne devaient pas tarder à le regretter.

On juge du spectacle que présenta la rentrée de M. Bautain à la Faculté sous l'habit Ecclésiastique. De tous ceux qu'il avait jusque-là offerts à Strasbourg, c'était certainement le plus saisissant et le plus propre à piquer la curiosité publique. La foule accourut s'en rassasier. L'Ecole du Professeur se grossit de nouvelles recrues, venues de tous les coins de l'Europe et appartenant à tous les cultes.

J'ai dit qu'il avait fondé une Ecole; c'en était

une dans toute la force du terme. En effet, outre
le Public amateur et de circonstance qui court
toujours là où il y a du bruit et pour qui tout
est spectacle, il avait su grouper autour de lui
toute une élite de jeunes gens appartenant aux
meilleures familles. Ces jeunes gens ne s'étaient
pas contentés d'entourer sa chaire; désireux encore de s'attacher à sa personne, ils l'avaient
suivi jusque chez lui, rue de la Toussaint, dans
la maison que leur ouvrait une hospitalité gé-
néreuse ; et là, dans une sorte de cénacle qui
rappelait celui qu'Augustin et ses amis, avec
Monique au milieu d'eux, formaient après leur
conversion, sous sa conduite et sous les yeux de
son inspiratrice, devenue leur mère à eux aussi,
ils formaient une véritable petite famille philosophique et religieuse, où tout était commun,
les idées, les sentiments, la bourse, le genre de
vie, tout, jusqu'au costume, modelé sur celui du
maître[1].

C'est avec cette élite de disciples, grossie encore de nouvelles recrues, non moins distin-
guées, que, le 2 Octobre 1830, M. l'Abbé Bautain,

---

1. Ils étaient au nombre de dix ; voici leurs noms :
Adolphe Carl, Théodore Ratisbonne, Isidore Goschler,
Jules et Nestor Lewel, Eugène de Regny, Henri de
Bonnechose, Alphonse Gratry, Jacques Mertian, Adrien
de Reinach.

— c'est le titre que nous lui donnerons désormais — prit possession du Petit-Séminaire, dont Mgr. de Trévern venait de lui confier la direction. C'était une sorte de compensation anticipée de la démonstration hostile dont son habit fut à quelques jours de là l'objet de la part d'une partie de son auditoire, comme il recommençait son cours. Cette démonstration l'obligea de demander un congé, dont la durée dut se prolonger non moins de deux ans, pendant lesquels il fut suppléé par M. Delcasso, alors professeur au Collége royal.

Le Petit-Séminaire, pour être un théâtre moins en vue que la Faculté des Lettres, offrait au zèle de M. l'abbé Bautain un champ d'activité relativement encore assez étendu. Il se mit, avec ses amis, immédiatement à l'œuvre; et rien ne saurait exprimer l'excellence des résultats que ne tarda pas à produire, dans l'établissement, l'étroite et profonde entente du directeur et de ses collaborateurs, ne faisant tous avec lui qu'un cœur et qu'une âme, portant tous dans leur enseignement cette unité de but et d'efforts si importante dans une pareille œuvre et qui, se communiquant des maîtres aux élèves, semblait animer jusqu'aux pierres de la maison.

Trois années s'étaient écoulées, trois années de prospérité pour l'établissement qu'il dirigeait, de faveur toujours croissante pour lui auprès de son Evêque, lorsque la mort de celle qui avait été jusque-là comme son bon génie, vint, en 1833, jeter une première ombre sur sa fortune et donner en quelque sorte le signal des disgrâces qui lui étaient réservées. En effet, à quelque temps de là, en 1834, lui et ses amis se voyaient retirer, avec la confiance de Mgr. de Trévern, la direction du Petit-Séminaire ; et à leur tour ils cédaient la place à une autre administration.

Qu'était-il donc arrivé ? Je ne me dissimule pas, Messieurs, que c'est ici le point délicat de la vie de M. l'abbé Bautain ; je n'éprouve pas toutefois à l'aborder autant d'embarras qu'on pourrait croire, et cela grâce à la franchise de l'illustre professeur, qui, dans une occasion solennelle, en a parlé lui-même dans des termes qui lui font trop d'honneur pour que je ne les rappelle pas ici. Je les tire du Panégyrique de saint Paul, prononcé par lui, le 2 décembre 1855, à Sainte-Geneviève, pour la fête des Ecoles, en présence de Mgr. Sibour, Archevêque de Paris, et d'un auditoire d'élite. Après avoir exposé la doctrine du grand philosophe de Tarse sur la puissance de la raison naturelle, «capable de s'élever par ses seules lumières, par «ses seules forces, jusqu'à la connaissance de «Dieu», il ne craignit pas d'ajouter, faisant ainsi

publiquement sa confession : «Et moi aussi j'ai
«résisté à ce texte, et pendant quelque temps
«j'ai fait tout pour y échapper. Afin de donner un
«plus beau champ à la parole de Dieu, j'étais porté
«à affaiblir la valeur de la raison humaine....
«Mais l'Eglise toujours sage, parce qu'elle est as-
«sistée de l'Esprit divin, n'approuve aucun excès,
«pas même ceux qui semblent lui être profitables.
«Elle ramène toujours à la modération qui est la
«vraie sagesse dans les choses de ce monde; et
«avec une douceur dont je lui ai été profondé-
«ment reconnaissant, elle a redressé une mauvaise
«tendance qui pouvait devenir un «égarement.»

Vous avez, Messieurs, dans les termes mêmes
de ce noble aveu, le résumé on ne peut plus net
du différend qui, pendant près de six ans, de
1834 à 1840, partagea Strasbourg en deux
camps et en fit un véritable champ de bataille
théologique, les uns tenant pour la raison et
Mgr. de Trévern, les autres pour la foi et
M. Bautain. Car le débat, porté devant le public,
était devenu la proie des langues; les Journaux,
qui passionnent tout, s'en étaient emparés, et
les échos en avaient retenti jusqu'à Paris qui
mêla un instant le nom du philosophe de Strasbourg à celui de Lamennais.

Chose étrange! Dans cette polémique entre un
Evêque et un philosophe, sur une question fon-
damentale en philosophie, la question de la cer-

titude, c'était le philosophe qui exaltait la foi aux dépens de la raison et faisait de la première le principe de toute certitude; c'était l'Evêque avec l'ancienne Théologie qui prenait parti pour la raison et en faisait l'introductrice naturelle de l'âme à la foi !

M. l'abbé Bautain et ses amis, qui étaient arrivés au Christianisme surtout par la voie du sentiment, ne pouvaient se décider à signer les termes d'un formulaire qui leur semblait, à tort sans doute, mais qui leur semblait enfin faire trop bon marché, même dans l'ordre des vérités naturelles, d'un élément aussi important. Il faut dire encore à leur décharge, que Rome, où l'affaire avait été évoquée, n'ayant pas prononcé contre eux de censure directe, ils se croyaient jusqu'à un certain point dans leur droit en discutant les termes d'une soumission qui paraissait aux disciples l'abandon de leur maître, et qui entraînait pour celui-ci la dissolution de son école.

A se mettre d'ailleurs à un autre point de vue, n'y avait-il pas, de la part de M. l'abbé Bautain et de ses amis, dans leur persistance, dans leur vivacité à défendre des idées qu'au fond de leur âme ils croyaient vraies, un désintéressement de leur avenir dans l'Église, qui témoignait au moins d'une rare dignité de caractère; car c'en est une, et une grande, de ne faire l'abandon de sa pensée qu'à la paix et à l'autorité établie pour la maintenir. Ils se rendirent pourtant à la fin, mais avec le regret de l'avoir fait un peu tard et d'avoir contristé — c'est encore la douleur de ceux qui survivent— les derniers jours d'un prélat qu'ils avaient tant de raisons de vénérer et d'aimer.

C'est à Mgr. Rœss alors nouvellement promu au siége de Strasbourg qu'était réservé l'honneur de recevoir la soumission définitive de l'illustre professeur et de ses amis. Ai-je besoin de dire que le prélat, s'inspirant de l'esprit de prudence et de ménagement qui n'a depuis lors cessé de marquer tous les actes de son Episcopat, fit tout ce qu'il lui était possible de faire, dans cette circonstance, pour épargner aux nobles esprits qui se soumettaient ce qu'il pouvait y avoir de pénible pour eux dans cette démarche et pour sauvegarder leur dignité?

Dans l'intervalle de ces débats qui auraient eu de quoi absorber les forces et l'attention d'un autre, M. Bautain trouvait encore moyen d'exercer ailleurs son activité. Il n'avait en effet quitté la direction du Petit-Séminaire que pour aller fonder, rue de la Toussaint, une Institution secondaire libre où les meilleures familles de Strasbourg se piquèrent d'envoyer à l'envi leurs enfants. Des écoles primaires de garçons d'abord, de jeunes filles ensuite, ouvertes au cœur même de la ville, et où des dames de la plus haute distinction venaient elles-mêmes donner des leçons, n'obtinrent pas une moindre vogue.

De plus, en 1833, M. l'abbé Bautain était remonté dans sa chaire, à la Faculté des Lettres. Il y avait retrouvé une partie des anciennes sympathies qui l'y accueillaient autrefois, et aussi, je dois le dire, des contradictions qui lui étaient jadis moins familières, et qui n'étaient pas faites, on le comprend, pour le consoler de ses autres disgrâces. On reprochait à sa philosophie de ne pas se tenir sur son terrain et de faire trop d'excursions dans le domaine théologique. Quoi qu'il en soit, en 1838, après vingt et un ans d'un enseignement de l'éclat et de la fécondité duquel j'ai essayé de vous donner une idée, il était nommé doyen, et, à ce titre appelé à l'honneur de représenter au sein du Conseil académique la Faculté des Lettres.

Cependant sous la triple charge de la direction d'un Etablissement considérable, de l'enseignement public et d'une polémique qui n'avait pas duré moins de six ans, M. l'abbé Bautain avait fini par épuiser ses forces. Tant qu'il avait été sur la brèche, il ne s'en était pas aperçu ; l'exaltation de la lutte ne le lui avait pas permis. Quand il eut désarmé, il sentit sa fatigue et éprouva un moment d'affaissement. Que son auditoire de la Faculté ait tendu, dans ces circonstances, à diminuer, et que les rangs s'en soient peu à peu éclaircis, personne ne peut s'en étonner. On comprendra toutefois quelle amertume il dut ressentir de cet abandon. Il n'était plus jeune, il n'était plus neuf surtout, à Strasbourg. Il comprit, lui qui avait l'art et le don des renouvellements, que cet art était épuisé pour lui dans cette ville. Son rôle y était fini, il n'avait plus de bien à y faire. Il se détermina à demander un congé; et M. Ferrari, qui devait un jour siéger au Parlement Italien, fut appelé à l'honneur de le suppléer.

M. Bautain, ai-je dit, avait le don des renouvellements. Il n'eut pas plutôt changé d'air qu'il se retrouva des forces. Le 6 Octobre 1840, il avait fait avec ses amis l'acquisition du collége de Juilly tout peuplé de souvenirs et d'échos illustres. Ils y continuèrent l'œuvre de l'éducation de la jeunesse à laquelle ils s'étaient engagés par vœu.

On aurait pu croire, à partir de ce moment, que M. l'abbé Bautain échappait pour toujours à l'Université et que l'Eglise seule désormais aurait le droit de redire le reste de sa vie. Il en devait être autrement.

Loin de la chaire du Professeur il se considérait comme exilé; il en avait, on peut le dire, la nostalgie. Il lui sembla qu'il se rapatriait, lorsqu'en 1853 il fut appelé à la chaire de Morale de la Faculté de Théologie de Paris. Le professorat rejoignait ainsi les deux extrémités de la double carrière qu'il lui avait été donné d'illustrer. La Sorbonne lui rendit les applaudissements de Strasbourg ; l'enseignement qu'il y donna rappela, avec plus de maturité, l'éclat et la fécondité de celui par lequel il avait débuté dans sa jeunesse et produisit des œuvres, sinon plus originales, au moins plus solides.

Il ne fallut rien moins qu'une extinction de voix pour faire renoncer M. l'abbé Bautain, en 1863, à l'enseignement public. Mais même alors, tant cet esprit était actif, il sut trouver des forces pour composer sur l'art de parler en public un livre qui est peut-être de tous ses ouvrages, après le Panégyrique de saint Paul, le mieux venu, parce qu'il s'y est mis tout entier et qu'il y parle avec amour d'un art dont il connaissait tout le prix et qu'il possédait en perfection. C'est à ce moment que Mgr. Darboy, ayant à cœur de lui donner une situation en rapport avec ses longs services et la hauteur de son mérite, «et aussi de rattacher à l'éminent «clergé de Paris, au moins par un titre hono-«rifique, l'un des prêtres les plus distingués du «clergé français» — c'étaient ses expressions — lui envoya des lettres de grand Vicaire. Dès lors il se partagea entre la charge de la direction des âmes où il excellait et la rédaction d'un ouvrage d'apologétique chrétienne, où, sous une forme familière, il cherchait à rendre sensibles les convictions dont l'intelligence et le sentiment avaient fait la consolation et la dignité de sa vie. C'est au milieu de ces graves occupations, mettant la dernière main à cet ouvrage, objet de ses suprêmes sollicitudes, que la mort vint le trouver, le 15 Octobre 1867, mûr pour les choses de cet autre monde, dont il essayait, au moment même où elle allait l'enlever, de soulever le mystérieux voile[1].

On a pu s'étonner que les honneurs de l'Episcopat n'aient pas couronné un mérite de cette valeur ; mais outre que l'ambition de M. l'abbé Bautain était ailleurs, je ne sais rien de plus flatteur pour un homme distingué que de faire naître, dans l'esprit de ceux qui ont pu le voir à l'œuvre, le regret qu'il n'ait pas monté tous les degrés de la fortune dont il était digne. Mais ces honneurs n'étaient pas, je le répète, sa suprême ambition. Il n'en eut jamais d'autre, je le tiens des personnages les plus graves[2], que

---

1. *Les Choses de l'autre monde, Journal d'un philosophe*, tel est le titre de ce dernier ouvrage.

2. Je tiens de M. de Kentzinger qui a été autrefois chef de cabinet de M. Humann, Ministre des Finances sous Louis-Philippe, que se trouvant un jour avec lui, dans sa campagne à Kolbsheim, il vit arriver en visite M. l'abbé

de fonder une Ecole. Il a eu cette fortune, qui l'a égalé un instant aux grands Docteurs du Moyen Age. Il a réuni autour de sa chaire, bien plus, autour de sa personne toute une famille intellectuelle qui, pendant des années, a vécu de sa pensée.

Sans doute, faute de fondements assez solides, cette Ecole n'a pas duré, et le système qui la réunissait, a croulé; mais de toutes ces échelles gigantesques, — et qu'est-ce autre chose qu'un système? — dressées par les grands métaphysiciens pour escalader l'Infini, qu'on en montre une seule, si puissante qu'en ait été la construction, qui ne jonche au moins de quelques-uns de ses débris les abîmes de la métaphysique. Il n'en est pas moins vrai que cette Ecole a existé et tenu sa place dans l'Histoire du

Bautain qui se promena dans le jardin avec le Ministre, l'espace d'une heure. La conversation paraissait fort animée. Quand il fut parti, M. Humann allant retrouver M. de Kentzinger qui s'était écarté, lui dit : « *Voilà un homme qui vient de refuser un évêché.* « J'étais autorisé par le roi, que j'avais entretenu de sa « capacité, à lui en proposer un : il l'a refusé une pre- « mière fois par écrit, en réponse à une lettre où je lui « en avais fait la proposition, et il vient de le refuser « une seconde fois de vive voix. »

Cela se passait aux environs de 1834 ; M. l'abbé Bautain avait donc alors de 38 à 39 ans.

développement de la recherche philosophique au dix-neuvième siècle. Dans la page qu'elle lui doit, cette Histoire dira qu'un des premiers, M. Bautain a initié l'esprit français à la philosophie Allemande, et, un des premiers aussi, en a signalé et combattu les erreurs; elle dira la largeur de vues de ce philosophe chrétien qui, à la métaphysique, la science des causes, eut l'ambition de joindre la science des phénomènes ou la Physique, en prenant ce mot dans son antique et large acception, qui n'admettait pas qu'un psychologue ne fût pas doublé d'un physiologiste, et qu'il fût possible d'étudier l'âme, sans chercher à pénétrer le mystère de la vie. Elle signalera sans doute l'erreur qui lui a fait donner le sentiment pour fondement à la certitude; mais elle dira aussi que cette erreur, qui n'était qu'une vérité incomplète ou exagérée, comme la plupart des erreurs, a rappelé l'attention des philosophes sur un moyen de connaissance, qui doit être d'autant moins dédaigné dans la recherche de la vérité, même métaphysique, que l'illustre Claude Bernard, le grand physiologiste de nos jours, le regarde, non - seulement comme l'un, mais encore comme le premier des trois instruments générateurs de la science, qui sont, à son jugement, le sentiment ou l'intuition, le raisonnement et l'expérience. Elle dira enfin, avec un grand esprit de nos jours, un illustre professeur aussi, avec M. Guizot[1], qui a toujours fait très-grand cas de l'esprit, du caractère et des œuvres de M. l'abbé Bautain, qu'arrivé par la philosophie à la foi Chrétienne, il a été de ceux qui ont constamment et sérieusement travaillé à défendre le Christianisme dans la société moderne et à faire comprendre et accepter la société moderne par l'Eglise Chrétienne.

Chose curieuse autant que piquante, et pourtant certaine, ce mystique a été l'un des esprits les plus clairvoyants, les plus nets et les plus pratiques de ce temps; et comme on peut le voir dans ses écrits, peu de moralistes l'ont surpassé dans l'art de manier le scalpel psychologique et dans l'art encore plus haut de diriger les âmes. Mais là où il a excellé, c'est dans la chaire du Professeur. Prédicateur et écrivain il a pu rencontrer des supérieurs; professeur, il a été sans pair. *Bautain*, a dit M. Géruzez, *c'est notre maître à tous.* Aussi n'y avait-il pas de titre dont il fût plus fier. «La jeunesse, disait-il, un jour à «Sainte-Geneviève[2], en présence des députés des «Ecoles et du plus brillant auditoire, la jeunesse, «j'ai le droit de la représenter, je le crois, car je «suis sorti de ses rangs, j'ai fréquenté toutes ses

---

1. Lettre de M. Guizot à M. l'abbé Lamazou.
2. Dans le *Panégyrique de saint Paul.*

«écoles jusqu'à la plus élevée, et je m'en suis
«toujours honoré; je l'ai enseignée toute ma
«vie, et je l'enseigne encore.» Ainsi il se glori-
fiait de finir, comme il avait commencé, professeur. C'est à ce titre qu'il a illustré l'Université
de France, c'est à ce titre qu'il appartenait
à l'Académie de Strasbourg d'honorer sa mémoire.

Strasbourg, imprimerie de Ve Berger-Levrault.

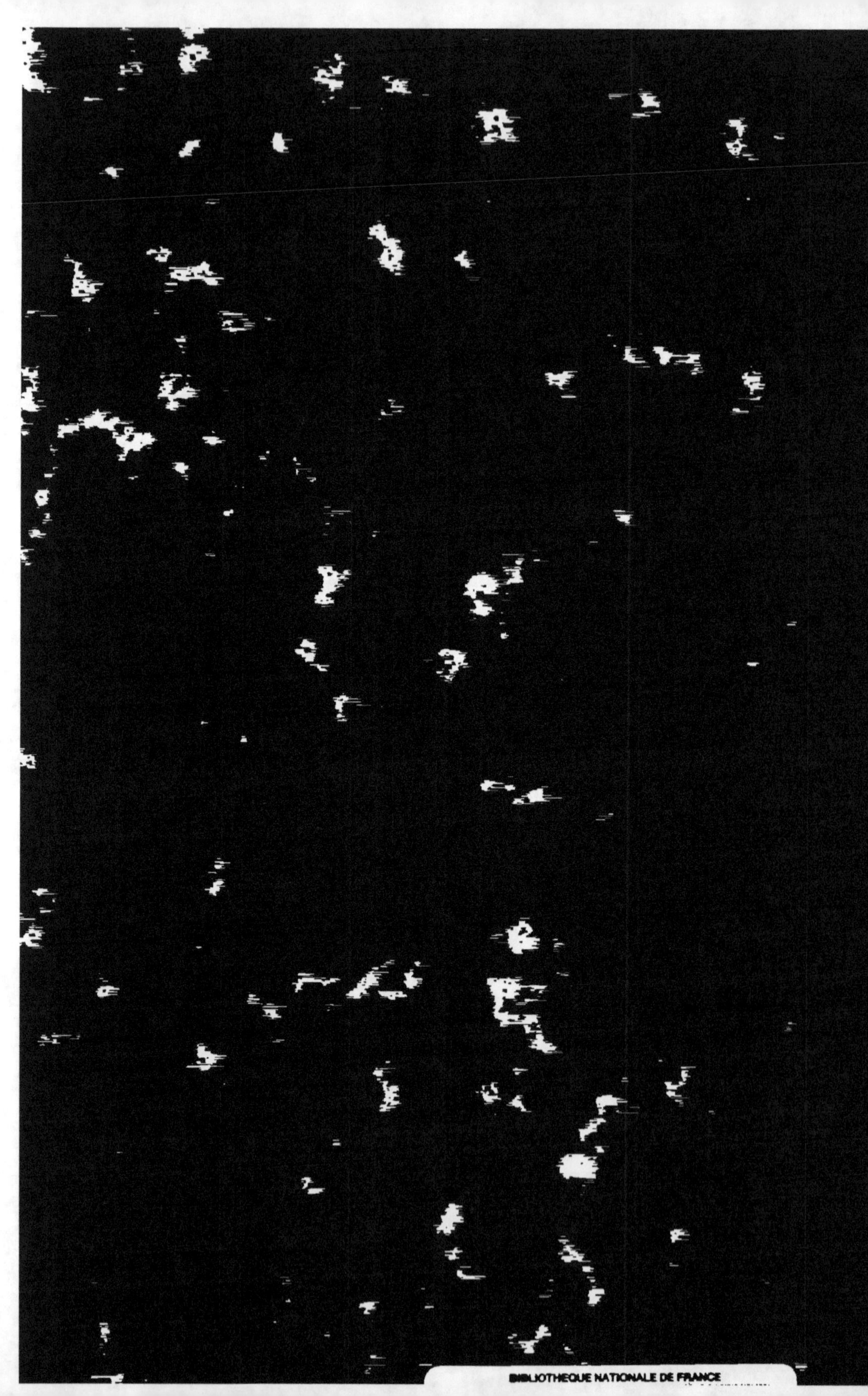

www.ingramcontent.com/pod-product-compliance
Lightning Source LLC
Chambersburg PA
CBHW061333060726
47596CB00003B/1224